Título original del libro
You Wouldn´t Want to Be a Greek Athlete!

Nombre original de la colección
You Wouldn´t Want to Be!

Autor
Michael Ford estudió inglés y literatura clásica en la Universidad de Oxford. Enseñó inglés en Grecia antes de regresar a Inglaterra a trabajar en publicidad. Ahora vive en Brighton, Inglaterra.

Ilustrador
David Antram nació en Brighton, Inglaterra, en 1958. Estudió en Eastbourne College of Art y trabajó en publicidad durante quince años antes de ser artista de tiempo completo. Ha ilustrado innumerables libros de no ficción para niños.

Creador de la serie
David Salariya nació en Dundee, Escocia. Ha ilustrado una amplia variedad de libros y ha creado y diseñado incontables series nuevas para editores del Reino Unido y otros países. En 1989, fundó la Salariya Book Company. Ahora vive en Brighton con su esposa, la ilustradora Shirley Willis, y su hijo Jonathan.

Edición en inglés
Karen Barker Smith

Ford, Michael
    ¡No te gustaría ser un atleta griego! / Michael Ford ; ilustrado por David Antram. -- Bogotá : Panamericana Editorial, 2005.
    32 p. : il. ; 24 cm. -- (No te gustaría ser)
    Incluye glosario.
    ISBN 958-30-1685-3
    1. Juegos olímpicos – Grecia – Literatura juvenil 2. Deportes – Grecia – Literatura juvenil 3. Deportes al aire libre – Grecia – Literatura juvenil 4.Lucha libre – Grecia – Literatura – juvenil 5. Atletismo – Grecia – Literatura juvenil I. Antram, David, il.II. Tít. III. Serie.
I790.2 cd 20 ed.
AJB1589

        CEP-Banco de la República-Biblioteca Luis Ángel Arango

Editor
Panamericana Editorial Ltda.

Edición en español
Mónica Montes Ferrando

Traducción
Diana Esperanza Gómez

Primera edición, The Salariya Book Company Ltd., 2004
Primera edición en Panamericana Editorial Ltda., abril de 2005

¡No te gustaría ser un atleta griego!

No es fácil lucir así de bien.

Escrito por
Michael Ford

Ilustrado por
David Antram

Creado y diseñado por
David Salariya

PANAMERICANA
E D I T O R I A L

Contenido

Introducción

Estamos a mediados del siglo V a. C., y tú eres un niño que vive en un pequeño pueblo a las afueras de Atenas, Grecia. Estás creciendo durante el apogeo de la civilización griega. Hace veinte años los griegos triunfaron en las Guerras Médicas, y en este ambiente de optimismo que ha reinado desde ese momento, ha florecido el teatro, la poesía, la música y la arquitectura. Bajo el dominio de Pericles, un político brillante, la democracia se ha establecido en Atenas. Ahora todos los ciudadanos tienen algo que decir acerca del gobierno de la ciudad-Estado.

Tu padre, quien luchó en la guerra contra Persia, es un hombre estricto y muy ambicioso respecto a tu futuro. Ha estado ahorrando todo su dinero para poder enviarte a la escuela a aprender arte, música y, sobre todo, atletismo. Él desea que llenes de honor y respeto su apellido compitiendo en el certamen más importante de todos: los Juegos Olímpicos, los cuales se realizaron por primera vez en el 776 a. C. El entrenamiento será muy fuerte y la competencia será feroz. Para un niño, que prefiere la vida fácil, lo último que desearía es ser un atleta griego.

El mundo es de los hombres

Grecia, durante el siglo V a. C., se dividió en ciudades-Estado y Atenas es la más grande. Es el centro del comercio, cultura y aprendizaje. La acrópolis se encuentra sobre una colina y reúne las mejores construcciones de la ciudad, como el Partenón. En Atenas, como ocurre en la mayoría de ciudades-Estado, los hombres se dividen en: quienes pueden votar, ciudadanos; y quienes no pueden votar, los esclavos o extranjeros. La mayoría de la población es pobre y sólo los niños de familias adineradas pueden acceder a la educación. Tu padre te despierta muy temprano todos los días para que camines hasta la escuela.

TU PADRE. Como muchos pobladores de Atenas, trabaja muy fuerte en su granja. Él desea un mejor futuro para ti.

TU MADRE Y TU HERMANA. Se encuentran completamente bajo el control de tu padre y deben cumplir sus deberes en la casa. Tu hermana no puede asistir a la escuela y jamás tendrá los mismos derechos que tú, y tu padre decidirá con quién se casará.

Pericles

Consejo práctico

¡No crezcas! Después de los seis años, tu mamá dejará de cuidarte. Tendrás que dejar tus juguetes y tu padre se hará cargo de ti.

PERICLES, un gran líder y hombre de Estado, llegó al poder en el 461 a. C. e introdujo el concepto de democracia (que significa "gobierno de la gente"). De este modo, todos los ciudadanos de Atenas pueden reunirse y participar en la política ateniense.

Entrenamiento: no dolor, no recompensa

os profesores en la escuela son demasiado estrictos, pero tú disfrutas las clases y trabajas fuertemente. La mayor parte de tu educación gira en torno a la historia de Grecia, que incluye el aprendizaje de filosofía y poesía de memoria. Cuando llegues a la adolescencia, la educación física será tan importante como las otras asignaturas. Los griegos creen que las personas deben buscar la excelencia en todas las áreas de su vida y ejercitar el cuerpo así como la mente. Has practicado deportes como lucha libre, atletismo, lanzamiento de disco y jabalina y salto largo. Éstos se realizan en la *palestra*, un campo deportivo cercano a la escuela.

Asignaturas que tomas en la escuela

Estilo

Ábaco

Tablillas de cera

Lira

ESCRITURA. Es una parte importante de tu educación. No escribes sobre papel, te enseñan a inscribir letras sobre tablillas de cera con un estilo. Esto significa que puedes corregir fácilmente los errores.

MATEMÁTICAS. Aunque no son tan importantes como la literatura, aprendes aritmética con las cuentas de un ábaco. Esto será importante si decides trabajar como funcionario de la ciudad.

MÚSICA. Los griegos creen que tocar algún instrumento musical los hace mejores personas. Puedes practicar lira, un instrumento de cuerda que por lo general se utiliza para acompañar los recitales de poesía.

¿Quién sigue?

Consejo práctico

Cuando practiques jabalina no uses una ni verdadera ni puntiaguda. Es mejor utilizar un palo de madera sin punta; es menos peligroso.

LAS DIFICULTADES DE LA GUERRA. La educación física es importante porque te prepara para la guerra. Como tu padre tuvo que luchar contra los persas entre los años 490 y 480 a. C., él cree que debes prepararte.

Servicio militar

A los 18 años te conviertes en *efebo*. Esto significa que estás listo para ser un ciudadano, pero primero debes comprobar que eres honesto. Los efebos deben vivir según reglas muy estrictas durante dos años, que incluyen un periodo de servicio militar obligatorio. Es duro aprender a ser soldado, pero como te ha ido muy bien con el entrenamiento físico, te convertirás en el muchacho más fuerte de la escuela.

En vez de enrolarte en el ejército, tu padre quiere saber qué tan bueno eres para la competencia atlética. Existen varias en la Grecia antigua, pero la más famosa es la de los Juegos Olímpicos, que ocurren cada cuatro años (un periodo denominado olimpiada) y atraen a atletas de todo el mundo.

ITALIA

ENTRENAMIENTO MILITAR. Ahora te vas a dar cuenta de lo útil que fueron las clases de atletismo en la escuela. Debes participar en marchas largas y aprender a lanzar jabalinas verdaderas.

Mapa de Grecia antigua y algunas de sus ciudades-Estado.

Mar Egeo

GRECIA

Atenas

Olimpia · Esparta

Mar Mediterráneo

Consejo práctico

Durante tu travesía, consigue una sombrilla para protegerte del sol –el clima es muy caliente– y te servirá de paraguas cuando llueva.

¿Y ustedes dicen ser hombres de verdad?

PARA COMPETIR debes viajar a través de Grecia, como peregrino hacia el santuario de Olimpia. El camino es largo y debes hacer el viaje a pie; no te preocupes si pasas por tierras hostiles: está prohibido atacar a los peregrinos durante la tregua olímpica.

11

Sacrificios a los dioses

Cuando llegues a Olimpia encontrarás la ciudad en plena actividad. Atletas masculinos del mundo griego han venido a participar; está prohibida la entrada de mujeres. Te asombra la belleza de Olimpia: templos y otras maravillosas edificaciones emergen de los cipreses y olivos. Los juegos iniciarán dentro de diez meses, tiempo suficiente para entrenar. Tendrás que comer, dormir y hacer ejercicio con otros atletas. Los juegos son consagrados al dios Zeus. Para asegurarte que los dioses te cuidan, debes visitar regularmente el templo de Zeus y llevarle ofrendas.

(1) Templo de Zeus; (2) campo de entrenamiento; (3) estadio; (4) hipódromo (para carreras ecuestres); (5) tesorería; (6) templo de Hera (esposa de Zeus).

Zeus

ZEUS es el rey de los dioses griegos y siempre lleva un rayo en sus manos para atacar al enemigo. Todo el santuario de Olimpia es consagrado a él, y el templo más grande alberga su gran estatua hecha de marfil y oro.

A TU LLEGADA al santuario de Olimpia, debes registrar tu participación en la próxima competencia. Los oficiales se aseguran de que seas griego de nacimiento y no extranjero o esclavo. Está prohibida la participación de personas no griegas en los juegos sagrados.

Entonces, ¿de dónde es usted?

LOS SACRIFICIOS varían dependiendo de tu fortuna. Las personas muy ricas deben sacrificar, en sus lugares santos, manadas completas de ganado; pero tú podrías sacrificar ovejas, cabras, aves o, simplemente, ofrecer vino o algunos granos de trigo.

ARTÍCULO FINAL. Después de diez meses de sacrificios y vivir saludablemente, esperas ansioso el inicio de los Juegos Olímpicos.

Hora de competir

Finalmente llega el verano y los Juegos comienzan. Éstos se realizarán durante cinco días. El primer día deberás tomar el juramento de *aidos*, o espíritu deportivo. Temes que tus resultados no sean buenos enfrente de tanta gente, especialmente de tu padre quien desea honrar a tu familia y tu ciudad natal con tu triunfo. Los espectadores, ricos y pobres, se reúnen para observar las competencias. A menos que sean acaudalados, muchos duermen al aire libre durante la noche, lo cual no es un problema en el verano. Entre los espectadores también vienen algunos apostadores y vendedores de todas partes, tratando de obtener algún dinero del evento.

¿Cuál es el significado de la vida?

Ten cuidado con:

Carteristas

CARTERISTAS. Aunque el certamen es un evento religioso, no todos los espectadores son honorables, pues atrae a personajes indeseables.

POETAS Y FILÓSOFOS. La filosofía ("amor a la sabiduría") es un pasatiempo popular en la antigua Grecia. Los hombres educados vienen a los Olímpicos a discutir ideas y escribir poemas.

ACTORES. Los griegos aman las buenas obras, especialmente las tragedias. Los actores utilizan máscaras con expresiones exageradas para demostrar cómo sienten sus personajes.

DOCTORES. Si te lastimas, siempre habrá doctores cerca para ayudarte. Sin embargo, la mayoría no saben lo que hacen, por esto es mejor que confíes en los dioses.

Filósofos

Actores

Doctores

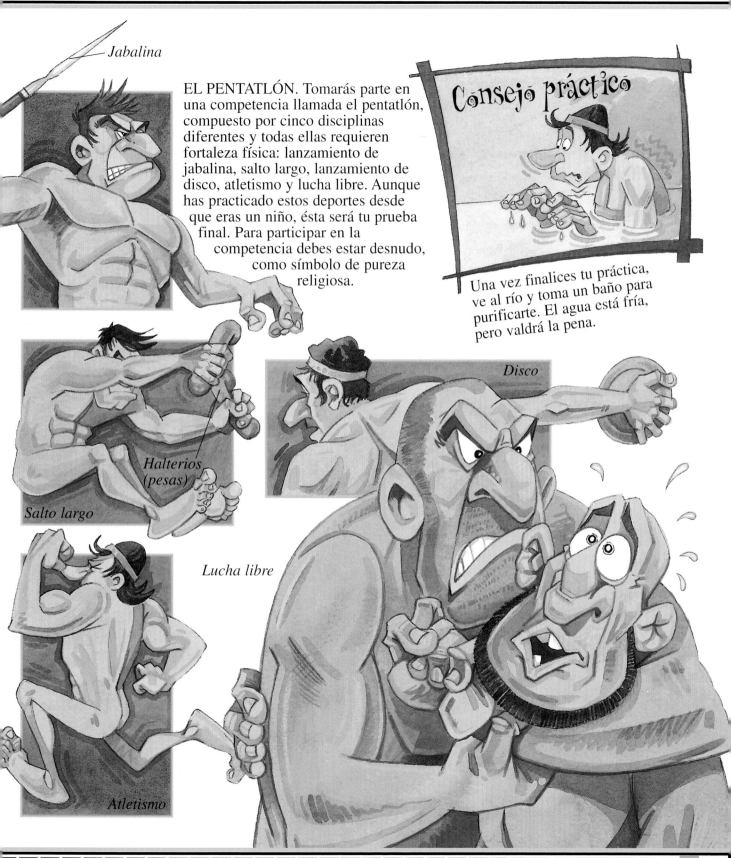

Jabalina

EL PENTATLÓN. Tomarás parte en una competencia llamada el pentatlón, compuesto por cinco disciplinas diferentes y todas ellas requieren fortaleza física: lanzamiento de jabalina, salto largo, lanzamiento de disco, atletismo y lucha libre. Aunque has practicado estos deportes desde que eras un niño, ésta será tu prueba final. Para participar en la competencia debes estar desnudo, como símbolo de pureza religiosa.

Consejo práctico

Una vez finalices tu práctica, ve al río y toma un baño para purificarte. El agua está fría, pero valdrá la pena.

Disco

Halterios (pesas)

Salto largo

Lucha libre

Atletismo

En el estadio

Más de cincuenta mil espectadores se reúnen en las graderías situadas alrededor del estadio. La prueba más antigua y la más importante es el atletismo. El ruido de la multitud es ensordecedor, pero debes concentrarte en la carrera. El presentador menciona tu nombre y el lugar donde naciste. Te quitas la ropa en una habitación pequeña cercana al estadio y te frotas el cuerpo con aceite de oliva. Todos compiten desnudos –ninguno se avergüenza–, pues no hay mujeres en el recinto.

Hoplitádromo

AUNQUE TU CARRERA la realizas desnudo, hay otras en las que deben utilizar cascos y portar escudos llamada *hoplitádromo*, porque los soldados griegos se denominan "hoplitas".

ATLETISMO. Debes recorrer la longitud de un estadio, que equivale en promedio a 219 yardas (200 metros). La carrera debes realizarla descalzo sobre la pista de arena. Es un trayecto difícil y debes tener cuidado para no tropezarte con los otros participantes.

El primer maratón

EN EL AÑO 490 A. C. durante las Guerras Médicas, un mensajero corrió todo el trayecto –26 millas (42 km)– desde la llanura de Maratón hasta Atenas para anunciar la victoria ateniense. (En los juegos originales no existían carreras largas, este evento inspiró el maratón en los Olímpicos modernos).

Consejo práctico

Es mejor empezar muy bien la carrera. Una gran ventaja es utilizar las hendiduras que se encuentran en los bloques de partida.

UNA SALIDA FALSA significará la descalificación; asegúrate de no empezar a correr antes que la trompeta suene. Hay unos eventos similares en los cuales se deben recorrer dos y seis partes del trayecto.

> Estoy seguro de que eso fue una salida falsa.

Bloques de partida

La práctica hace al maestro

Los atletas son físicamente los individuos más perfectos: hombres que han entrenado durante meses. Deberás tener una buena técnica si esperas ganar. Calienta muy bien y frota aceite en todo tu cuerpo para estar más flexible. Algunos posan para la multitud flexionando sus músculos, pero tú debes concentrarte. No pienses en ellos, ni en tu padre que te observa desde la gradería. Los músicos (flautistas) tocan para ayudar a relajarte y entretener a la multitud. La prueba del disco consiste en lanzar tres discos de barro, lubricados y muy pesados. Debes lanzarlos desde un montículo y necesitarás mucha fuerza en los brazos. Eres bueno en el lanzamiento de jabalina porque en el entrenamiento militar lanzaste lanzas.

Flautistas

JUSTO EN EL BLANCO. Hay dos elementos al ejecutar un buen tiro de jabalina: lanzarla bien lejos y con exactitud.

EL SALTO LARGO no tiene impulso. La distancia debe alcanzarse cargando pesas (halterios) en las manos.

EL DISCO MORTAL. Existen diversos mitos griegos respecto a las competencias deportivas. En uno de ellos, el rey es asesinado cuando su hijo lo golpea accidentalmente en la cabeza con un disco. ¡Ten mucho cuidado!

Halterios

Moviendo los brazos hacia adelante obtienes velocidad extra.

Pide que te corten el cabello bien corto, así no se resbalará sobre tu frente cuando empieces a sudar. Algunos atletas incluso se rapan la cabeza.

Este es el mejor brazo lanzador de Grecia.

¡Zum!

Practicando el lanzamiento de jabalina.

EVENTOS PARA LOS NIÑOS. Aunque las competencias principales sólo están abiertas para los adultos, también existen algunas menos rígidas para los niños.

19

Lucha libre

El evento final del pentatlón es la lucha libre. Por lo general, los competidores no participan en ninguna otra competencia después de ésta porque terminan muy lastimados. El objetivo de la prueba es hacer caer a tu oponente e inmovilizarlo contra el piso. Como él estará cubierto con aceite, probablemente se soltará de tus manos, pero ambos terminarán llenos de arena. La prueba se realiza por eliminatorias. En dos grupos, diferentes parejas se enfrentan entre sí, y el triunfador de cada una debe luego enfrentarse con otro ganador. De este modo, sólo hay un luchador victorioso al final. Algunos luchadores han sido campeones durante varios juegos consecutivos.

REGLAS. En la lucha están prohibidas las tácticas como hundir los ojos del oponente y morderlo. Infortunadamente, es muy difícil que el árbitro pueda darse cuenta de todo lo que está ocurriendo, y por esto todos rompen las reglas.

LOS BOXEADORES también tienen su lugar en los juegos. Es horroroso observarlos. Utilizan implementos de cuero en sus manos, algunos con tachuelas metálicas para propinar mayor dolor a su oponente.

PANCRACIO. En este evento, cualquier cosa puede pasar (derecha). Es una mezcla de boxeo y lucha libre. Está permitido que los competidores choquen y se golpeen entre sí, aun estando en el piso. Se ha sabido que los luchadores mueren a causa de sus lesiones.

CATEGORÍA ÚNICA. No hay concesiones si existen diferencias respecto al tamaño de tus oponentes. Podrás terminar luchando con alguien cuyo tamaño es dos veces el tuyo.

Consejo práctico

Enfrenta a tu oponente con el Sol a tus espaldas. La luz lo enceguecerá y tú tendrás una gran ventaja sobre él.

LOS ÁRBITROS observan todas las competencias y hacen hasta lo imposible por alejarse de los golpes que vuelan en la lucha. Si alguno de los contrincantes rompe una regla, lo golpean con un palo.

Árbitro

¿Te rindes?

A caballo

Algunas de las pruebas más populares en los Olímpicos se realizan en el hipódromo. Esta pista mide 656 pies (200 metros), y tiene un poste de giro en cada uno de sus extremos. En una de las pruebas, los jinetes montan los caballos a pelo. Las carreras de cuadrigas también son populares y se consideran una buena práctica para la guerra, porque los guerreros conducen cuadrigas en las batallas. Casi cuarenta cuadrigas participan en una carrera sencilla, por eso esta competencia es peligrosa. En los postes de giro, las cuadrigas se cruzan y chocan. Los accidentes y las lesiones van desde cortaduras hasta huesos rotos, y pueden incluso producir la muerte.

"AJUSTAR LAS CUADRIGAS". Revisa tu cuadriga antes de competir. Probablemente alguno de tus oponentes aflojó un tornillo o dos para generar un choque durante la competencia.

PERSISTE. Hay un tipo de carrera en la que los competidores deben saltar del caballo y correr al lado de él.

JINETES. En las carreras de caballos, el propietario del caballo es el que se inscribe y no el jinete. Esto significa que los propietarios pueden seleccionar a muchachos jóvenes (quienes pesan menos que los adultos) para montar sus caballos.

Rivalidad

¡Yo he visto mujeres espartanas! Apuesto a que tu mujer es más velluda.

La guerra ha estallado entre las ciudades-Estado de Esparta y Atenas. Durante las Guerras Médicas, los espartanos y atenienses lucharon juntos para defender a Grecia, pero ambos eran completamente diferentes. Atenas es un centro de cultura y aprendizaje; Esparta, un Estado militar en el que la mayoría de los habitantes son esclavos y todos los hombres son soldados. Ellos tienen una temible reputación. Se supone que durante los Juegos deben suspenderse los conflictos, pero en realidad esto es imposible. Nadie debe llevar armas a los juegos, pero el orgullo regional toma parte en la competencia y por lo general hay luchas frecuentes entre los rivales tradicionales.

REQUISAS. Camino a los Juegos, los espectadores y atletas son requisados para ver si llevan armas. Es una ofensa a los dioses llevar violencia a la sagrada área de Olimpia.

LOS NIÑOS ESPARTANOS son maltratados. Su niñez se orienta a prepararse para la rigurosidad de la vida y del servicio militar.

Mujer espartana

¡Cómo te atreves!

Consejo práctico

Consume grandes cantidades de carne antes y durante los juegos: te hará más fuerte.

EJÉRCITO PERMANENTE DE ESPARTA. Todos los ciudadanos hombres de Esparta son soldados de tiempo completo (abajo), al servicio de la ciudad-Estado.

MUJERES ESPARTANAS (arriba). No sólo los hombres de Esparta tienen una temible reputación. Los atenienses bromean que es muy difícil diferenciar entre un hombre y una mujer de Esparta.

LOS PADRES ESPARTANOS no crían niños con debilidades o malformaciones, estos niños son abandonados en el bosque hasta que mueren.

25

Sigue las reglas

Todas las competencias son observadas cuidadosamente por árbitros, quienes se aseguran de que no haya trampa. Las tácticas como hacer caer a otros corredores o distraer al lanzador de jabalina, no están permitidas. Si haces trampa puedes ser descalificado y probablemente tendrás que pagar una multa al Comité Olímpico. Como no tienes dinero, tu padre o tu pueblo deberán pagarla. El peor crimen de todos consiste en sobornar a un árbitro o a un oponente. Esto va en contra del espíritu de los Juegos. También está prohibido matar a tu oponente en la lucha libre y en los encuentros de boxeo, ya sea deliberada o accidentalmente.

LA PALABRA FINAL. Los árbitros son los encargados de los Juegos. No podrás apelar sus decisiones.

PAGO A LOS DIOSES. Si rompes las reglas, tendrás que pagar una multa. Alrededor del santuario se encuentran varios altares que han sido construidos con este dinero.

Soborno

SOBORNAR A UN ÁRBITRO. Los griegos toman los Juegos muy en serio. El peor crimen es ofrecerle dinero a un árbitro a cambio de sus favores.

FLAGELACIÓN. Además de la multa y descalificación, los competidores podrán ser flagelados con un palo, si infringen las reglas.

¿Adónde crees que vas con eso?

Altar de Zeus

Árbitros

Flagelación como castigo a quien hace trampa.

Consejo práctico

Aceptar un soborno por caerse no es una opción muy honorable, pero es una forma fácil de hacer dinero.

¡Atrapado con las manos en la masa! ¡Me multarán por esto!

27

¿Victoria o derrota?

Después de todo el esfuerzo y el dolor, triunfas en el pentatlón. Para los ganadores, los premios son muy pequeños. Aunque está prohibido, puedes ganar algún dinero apostando a los resultados de las competencias. Para la mayoría de los competidores, la reputación que obtienen a través de la victoria es suficiente satisfacción. Los perdedores sólo obtienen vergüenza y desaliento, cuando no mueren. En cuanto la multitud abandona Olimpia, muchos regresan a la guerra de nuevo. Deberás unirte al ejército y luchar contra los espartanos. Si sobrevives, ¿regresarás dentro de cuatro años a competir en los juegos?

Felicitaciones por tu victoria.

Corona de laurel

Jarrón de aceite de oliva

PREMIOS. No hay medallas ni grandes cantidades de dinero por ganar en los Olímpicos. Los premios incluyen sólo una corona de laurel en tu cabeza o un jarrón decorado, de aceite de oliva. Y, por supuesto, el orgullo de tu logro.

28

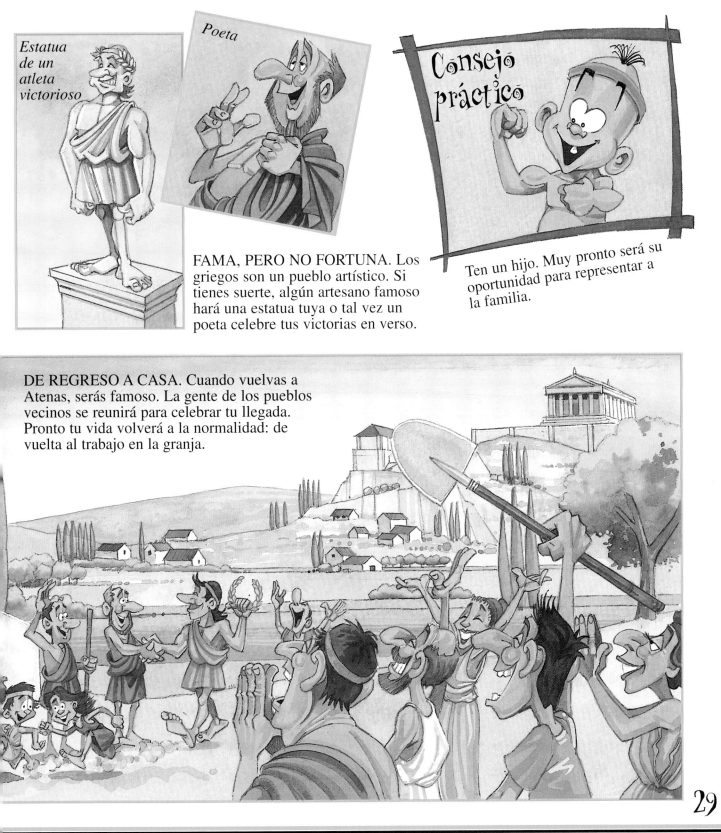

Estatua de un atleta victorioso

Poeta

Consejo práctico

Ten un hijo. Muy pronto será su oportunidad para representar a la familia.

FAMA, PERO NO FORTUNA. Los griegos son un pueblo artístico. Si tienes suerte, algún artesano famoso hará una estatua tuya o tal vez un poeta celebre tus victorias en verso.

DE REGRESO A CASA. Cuando vuelvas a Atenas, serás famoso. La gente de los pueblos vecinos se reunirá para celebrar tu llegada. Pronto tu vida volverá a la normalidad: de vuelta al trabajo en la granja.

Glosario

Acrópolis. Nombre de una colina en Atenas que albergaba las construcciones principales de la ciudad-Estado; por ejemplo, el Partenón.

Aidos. Juramento griego al espíritu deportivo, realizado por uno de los atletas que tomaban parte en los Juegos Olímpicos.

Atleta. Término griego que significaba "el que compite".

Ciudad-Estado. Un pequeño reino, independiente de la Grecia antigua.

Corona de laurel. Banda o anillo de hojas.

Cuadriga. Carruaje tirado por cuatro caballos, utilizado por los soldados griegos en batalla.

Democracia. Una sociedad donde los ciudadanos tienen palabra y voto respecto al modo en el que ésta opera.

Descalificación. Cuando no se le permite a una persona que tome parte

en alguna otra competencia por incumplir las reglas.

Disco. Disco de barro lanzado por los atletas.

Efebo. Nombre dado a un muchacho ateniense de 18 años, quien está a punto de enrolarse en el servicio militar.

Esparta. La segunda ciudad-Estado más prominente de Grecia en el siglo V a. C., famosa por su estricta vida militar.

Estadio. Pista de carreras.

Estilo. Palillo terminado en punta utilizado para inscribir letras en una tablilla de cera.

Flautista. Persona que toca la flauta.

Halterios. Pesas de metal o barro cargadas por quienes realizan salto largo para conseguir impulso extra.

Hipódromo. Pista en donde tiene lugar la carrera de caballos. Del griego *hippos* (caballo), y *dromos* (carrera).

Obligatorio. Algo para lo cual no tienes otra opción que realizarlo.

Olimpiada. Periodo, cada cuatro años, en el que los Juegos Olímpicos se realizaban.

Palestra. Campo de deportes o ejercicio en la Grecia antigua.

Pancracio. Deporte brutal; era una mezcla de boxeo y lucha libre, con pocas reglas para prevenir lesiones graves.

Partenón. Templo de la diosa Atenea, el cual se encontraba en la acrópolis de Atenas.

Peregrinos. Personas que emprenden jornadas religiosas.

Persia. Enorme imperio que abarcaba gran parte del área este de Grecia entre los años 550 a. C. y 350 a. C.

Santuario. Lugar sagrado o divino donde los griegos antiguos adoraban a algún dios o diosa.

Tregua. Acuerdo para suspender una guerra.

Índice